Mit einer Prise Zucker

Irrwitzige Geschichten aus dem Alltag eines Betriebsrats

BUND VERLAG

Die Firma 'A+B Technik GmbH'

Die Firma 'A+B Technik GmbH' ist führend beim Integrieren von A-und B-Teilen
A-Teil
B-Teil
Das Produkt:
Der C-Anwender
Die Produktpalette
C-Anwender 'Standard'
C-Anwender 'XXL'
C-Anwender 'Mobil'
C-Anwender 'Bio'
C-Anwender 'Elektronic'

Unsere Akteure
Hubert
Vorsitzender
Rosa
Kevin
Gustafa
Kerstin
Der Betriebsrat
Junior
Der Chef
Der Senior
Tochter vom Chef
Annika
Dimitris
Kurt
Maria

Vorwort

Das Leben geht weiter. Hubert und seine Leute können sich nicht über Langeweile beklagen. Einen Verhaltenskodex soll es im Betrieb geben, auf Facebook wird der Chef beleidigt und in der Kantine geht es zu wie im Wilden Westen. Die Putzfrauen wollen einen eigenen Betriebsrat gründen und Dimitris, der Leiharbeitnehmer, hat einige Probleme, die sich aber auf schlaue Weise lösen lassen. Und schließlich kommt es zur Neuwahl des Betriebsrats, die ein etwas überraschendes Ergebnis hat. Mehr soll an dieser Stelle nicht verraten werden.

Wie bei "Alles in Butter" gibt es wieder Infokästen, die Recht und Gesetz erklären. Doch bei allem Ernst des Rechts wird auch dieses Mal der Spaß nicht zu kurz kommen.

Tipps für die eigene Praxis? Wer genau hinschaut, kann sie überall entdecken. Und wer eher sagt „die Flasche ist halb voll“ statt „die Flasche ist halb leer“ wird einiges davon auch umsetzen können.

Wir wünschen eine vergnügliche Lektüre. Bis zum nächsten Mal!

Dortmund/Bremen im September 2013
Reinhard Alff + Wolfgang Däubler

Inhalt

Der Mc Image Award
Grüße aus Berlin

Vielen Dank
Vielen, vielen, vielen Dank
Vielen, vielen, vielen, vielen …
… vielen …
bsst
Dieser Preis würde uns auch gut tun
Nach dem Ami-Desaster* und den bösen Artikeln in der LÜ
* Siehe Comic Band 1
Wir engagieren eine Unternehmensberatung

Kurze Zeit später
Die Herren von der Unternehmensberatung 'Horn änd Young'
Unser Motto: Das Blaue vom Himmel
Unser Honorar: 400 € pro Stunde, pro Nase
Kling
1200 €
Zuerst müssen sich die Mitarbeiter mit A+B identifizieren
A+B
Smack
Und außerdem...
Kling
2400

... brauchen wir einen Slogan. Dazu machen wir ein Preisausschreiben
1. Preis
7 Tage Paris für 2 Pers. auf Kosten der Firma
2. Preis
Ein Wochenende in Rom für 2 Pers.
3. Preis
Urkunde plus ein Abendessen zu zweit
Und hier werfen die Mitarbeiter ihre Vorschläge ein
A+B
Smack
Eine Woche lang steht jetzt...
... die Box in der Firma

Dann kommt der Tag der Auswertung
Kling
'A+B, das tut weh'
Anonymus
'Wer A sagt, muss auch B sagen'
Na ja
'Eisen, Plastik und Papier, was glücklich macht, das liefern wir'
Was soll der Quatsch?
'Wir sind für die Menschen da, liefern Stahl bis Afrika'
Hm tja, das ist alles nicht so prickelnd

Dann machen wir eben TESTIMONIALS*
A+B Mitarbeiter sagen, was sie gut finden an ihrer Firma
Man muss natürlich mit den richtigen Leuten reden
Die alles klasse finden
Kling
24000
*Werbeaussagen einer vertrauenswürdigen Person
Prokurist:
Ich fühl mich wohl bei A+B
Sekretärin des Juniors:
Wir sind alle wie eine Familie
Wo bleibt der verdammte Kaffee?
Fahrer des Chefs:
Was gut ist für die Firma, ist auch gut fürs Auto.
Äh, für mich
Qualitäts-Kontrolle:
Alles super hier?
Und daraus machen wir eine Medienkampagne

Inzwischen auf einer ganz normalen Betriebsratssitzung
Hätten wir eigentlich beim Preisausschreiben mitbestimmen können?
Komm zu TOP 4, Gustafa
Da gibt's doch so eine Art Vergütung für eine Sonderleistung
Da kommt eh nix raus. Kein einziges BR-Mitglied wurde nach einem 'Testimonial' gefragt
Prof. Däubler sagt:
Blick in den Kommentar
In der juristischen Literatur wird die Frage meist nicht angesprochen. Meiner Meinung nach kann der Betriebsrat aber mitbestimmen – auch das Bundesarbeitsgericht hat das angedeutet.
Das ist doch kein Zufall
OK. Ich hätte geantwortet: A+B schmeckt wirklich Spitze. Nur der Junior wie Lakritze
Grundsatz Urteile

Nächster Vorschlag von Horn änd Young
Wir machen einen Ethik-Kodex. Sieben Punkte sind wichtig
1. Jeder hält sich an Gesetz und Anstand.
2. Niemand darf von Geschäftspartnern oder Kunden eine Leistung annehmen.
3. Arbeit und Privatleben müssen getrennt bleiben. Liebesbeziehungen zwischen Betriebsangehörigen sind untersagt und dürfen auch nicht angestrebt werden.
4. Über das Geschäftliche ist Stillschweigen zu bewahren. Das gilt auch im Verhältnis zu Familienangehörigen.
5. Bei Facebook, Twitter usw. darf der Arbeitgeber nicht kritisiert werden. Es wird erwartet, dass die Firma in positivem Licht geschildert und gegen Angriffe in Schutz genommen wird.
6. Für Anregungen, auch für Kritik an Arbeitsabläufen in der Firma, wird eine Hotline eingerichtet. Diese kann man auch anonym benutzen.
7. Wer von Verstößen gegen diesen Kodex erfährt, ist verpflichtet, die Firma über die Hotline zu informieren.
A+B
Der Kodex kommt ins Intranet
Und jeder bekommt ihn per Brief nach Hause
Es geht um Pflichten, die eh jeder hat
Kling
44000
Kling

Verbot der Liebesbeziehungen

... ist ein schwerer Eingriff in das Privatleben und verstößt nach Meinung der Gerichte gegen die Menschenwürde. Auch eine Pflicht zur Denunziation darf es nicht geben. Um hier gegenzuhalten, hat der Betriebsrat ein Mitbestimmungsrecht. Damit kann er verhindern, dass dem Einzelnen Zusatzpflichten auferlegt werden, die nicht unmittelbar mit der Arbeit zu tun haben.

Ist da die Gewerkschaft? Habt ihr Erfahrung mit so was, Helga?
Klar, da könnt ihr mitbestimmen. Am besten verhindert ihr so einen Kodex von vornherein. Notfalls treibt ihr es bis vor die Einigungsstelle
Das Kostet! Und so ein Arbeitsrichter als Vorsitzender wird das meiste rausstreichen
Brief an die Geschäftsführung
Der von Ihnen vorgeschlagene Ethik-Kodex...
...unterliegt in zentralen Punkten der Mitbestimmung
Mit den vorgelegten 7 Regelungen können wir uns in keiner Weise einverstanden erklären
Wir werden das Thema auf der nächsten Betriebsversammlung erörtern, da es alle Beschäftigten angeht
Ist es erlaubt, sein Auto zu lieben?
Abs.: Betriebsrat

Nach 3 Wochen, auf dem Weg zur Betriebsversammlung
Der Junior hat gekniffen
Der Personalleiter sagt was zum Ethik-Kodex
Man kann ja verhandeln. Über einzelne Formulierungen...
Kodex
1
2
3
4
5
6
7
Über welche?
Der Betriebsrat soll nicht immer Nein sagen
Wir wollen das ganze Ding nicht
Gute Selbstdarstellung ist gut für den geschäftlichen Erfolg
Also für unsere Arbeitsplätze
Und bei Facebook immer nur loben. Das geht gar nicht
Sich anständig verhalten, ist doch OK
Wenn einer was klaut, muss ich nicht schweigen, oder?

Das mit der Liebe muss raus
Ansonsten ist das Ding doch in Ordnung
Versammlungs-Yoga
Schnarch
Wir und immer 'Nein sagen'? Das war die gemeinste Bemerkung
Das stimmt doch überhaupt nicht
Lasst uns einen eigenen Ethik-Kodex machen.
Und im Haus diskutieren

Der Betriebsrats-Ethik-Kodex
7:0
Die kommen ins Intranet. Und der Chef bekommt's als Brief
1. Die wirtschaftlichen Werte, die wir im Betrieb schaffen, gehören uns und führen zu Lohnerhöhungen. Der Eigentümer bekommt für sein Kapital eine Verzinsung von 4 %.
2. Jeder erfüllt gewissenhaft seine Aufgaben. Hat jemand Schwierigkeiten, reden wir mit ihm. Gezielte Hilfe geht vor Versetzung oder gar Kündigung.
3. Arbeit und Freizeit sind zu trennen. Nur in absoluten Notfällen darf jemand außerhalb seiner Arbeitszeit angerufen werden.
4. Die Gesundheit der Beschäftigten hat Vorrang vor wirtschaftlichen Interessen. Stress ist zu bekämpfen.
5. Die Firma interessiert sich nicht für das Privatleben ihrer Beschäftigten. Dazu gehören auch Eintragungen bei Facebook, Twitter und anderen sozialen Netzwerken.
6. Das Grundrecht der Meinungsfreiheit gilt auch gegenüber der Firma. Beleidigungen der Geschäftsführer, der Eigentümer und der Vorgesetzen sind verboten.
7. Die Firma hat grundsätzlich nichts zu verbergen. Nur Betriebs- und Geschäftsgeheimnisse dürfen nicht an andere Personen weitergegeben werden.
Außerdem empfehlen wir einen Tag der offenen Tür
AUSSER
Uh ja, alle können den Betrieb anschauen
Wir haben ja nix zu verbergen

Schon wieder ein Brief vom Betriebsrat
Das ist doch…
Unglaublich
A+B Technik GmbH
Schnaub
Der Untergang der deutschen Wirtschaft
Das Ding muss raus aus dem Intranet
RAUS DAMIT!
Nein! Der Belegschaft gefällt's
Sie werden noch ihr blaues Wunder erleben
Ach übrigens, wo sind eigentlich die Jungs von Horn änd Young?*
*Nicht mehr da. Haben zu viel gekostet

Kurz darauf beginnt das blaue Wunder
face book
Die 20 'Freunde' des Juniors
Reger Meinungsaustausch zwischen den 35 Freunden des A+B Betriebsrats
Der Ethik-Kodex des Betriebsrats? Kann doch nicht ernst gemeint sein
Das ist Mottenkiste
Betriebs-rat
Das ist ein Mix aus Marx + Papst. Das geht gar nicht
Außerdem sind wir doch alle eine Familie
Wo bleibt mein verdammter Kaffee?
Endlich mal was anderes als das aus der Zeitung
Genau das, was wir wollen
Endlich mal was los
Friedo Meyer, aus der A+B Produktion, plant einen besonders intelligenten Beitrag...
... den seine Frau, ohne sein Wissen veredelt

Beleidigung

Es gibt nicht selten Beleidigungen auf Facebook, weil viele meinen, ihre Postings würden vertraulich bleiben. Da die meisten alleine vor dem Computer sitzen, fehlt ihnen die kritische Rückmeldung. Im Gespräch wäre das anders. Ein solches Verhalten ist gefährlich: Wer seinen Chef beleidigt, riskiert seinen Arbeitsplatz.

Das Schlimmste nimmt seinen Lauf
Der Junior ist zu schnell für den Zeichner
Kündigung
Ich will nicht dein Freund sein
Anhörung nach § 102 Abs. 1 Betriebsverfassungsgesetz. Friedo Meyer soll fristlos gekündigt werden wg. der Facebook-Geschichte
Die Sache ist klar: Friedo war's nicht selbst. Es war seine Frau
Und als er es bemerkte, hat er es schnell entfernt
1. Tag
Wir haben 3 Tage für die Antwort
2. Tag
2½. Tag
Jetzt hat sich der Fisch äh Junior bestimmt beruhigt

Ein Brief vom Betriebsrat
Ruhig, ganz ruhig bleiben
Friedo Meyer kann man nichts vorwerfen, sagen sie
Aber der Junior sollte mal über...
... die beiden Kodex-Entwürfe verhandeln
Irgendwie finden sie solche Grundsätze gut. Man kann auch über 10 Punkte reden...
...z.B. 'der Vorgesetzte fällt dem Untergebenen nie ins Wort'
Nach 3 Tagen macht sich der Chef auf den Weg...

... zum Betriebsrat
Wir nehmen alle Entwürfe aus dem Intranet
Das Kündigungsvorhaben gegen Friedo Meyer wird nicht weiterverfolgt
Wir sind auch ohne Kodex eine gute Firma
Niemand widerspricht
Ein neuer Morgen in der Chefetage
Ein Brief
Der Betriebsrat gibt einfach keine Ruhe
Beruhige dich
Wir haben den McImage Award gewonnen

Und dann, bei der Verleihung des Mc Image Awards
...für vorbildliche Kommunikation im Betrieb. Und den erfolgreichen Einsatz sozialer Medien

Der Kantinenbetreiber
Heiß & Fettig
mit Maria
Eine Drittfirma macht so richtig satt
Also, du hackst 3 Schalotten ganz Klein...
...dünstest sie in Butter an...
...ablöschen...
H & F Kantine
Noch mal sehen, ob die Kantine jetzt geöffnet hat
Alles in Butter

Firma `Heiß & Fettig`

Geschmacksverstärker to go

Der Kantinenbetreiber kann wie jeder Ladeninhaber vorübergehend dicht machen. Er hat ja auch das Hausrecht an der Kantine. Der Pachtvertrag schreibt meist die Öffnungszeiten vor. Also hat A+B höchstwahrscheinlich vorher zugestimmt.

KANTINE
Vorzimmer Junior
'Er ist leider nicht da'
Personalabt.:
'Mit Fremdfirmen haben wir nix zu tun'
Orga Abt.:
'H&F hat einen Konflikt mit ihren Beschäftigten'
Orga Abt.:
'Sicherheitsleute und 2 Anwälte sind auch dabei'
Orga Abt.:
'Wir mischen uns da nicht ein'
Dann plötzlich
KANTINE
Die Kantine ist für den Rest des Tages geschlossen
Maria! Was ist denn bei euch passiert?

Um 14 Uhr ging plötzlich das Licht aus
Der Kantinen-Chef:
Gleich kommt jemand, um euch was mitzuteilen
Überall Sicherheitsleute
Hier kommt keiner durch
Ausgang
WC
Um 15 Uhr kamen zwei Anwälte
Sie stehlen wie die Raben
Sie hatten heimlich Video-Kameras installiert. Der Junior war einverstanden
Das ist übrig
Iss dich satt. Das ist bei uns so üblich
Und das ist Diebstahl
Privat-detektiv, der als Kranken-vertretung eingeschleust wurde

Wilder Westen

So geht es natürlich nicht. Menschen einzusperren ist strafbare Freiheitsberaubung. Wird diese als Mittel eingesetzt, um einen rechtswidrigen Vermögensvorteil zu erlangen, macht sich der Täter sogar des erpresserischen Menschenraubs schuldig.

Boykott ?

Andere aufzufordern, bestimmte Waren nicht mehr zu kaufen, ist im Normalfall legal. Ein solcher Boykott ist nur dann unzulässig, wenn wirtschaftliche Machtmittel eingesetzt werden oder wenn die Initiative von einem Konkurrenten ausgeht. Das schlichte „Finger weg", um gegen Missstände zu protestieren, ist rechtlich völlig unbedenklich.

Kaum jemand geht in die Kantine. Der Aufruf wirkt
Nachschlag?
Noch ganz viel da
Da arbeiten neue Leute. Das war von langer Hand vorbereitet
Was macht die Gewerkschaft eigentlich dazu?
Die NGG * ist dafür zuständig
KANTINE
*Gewerkschaft Nahrung-Genuss-Gaststätten
Und die machen dazu in drei Tagen eine Veranstaltung
Hm, Menschenauflauf mit Wortsalat
Werd das Ganze mal ein bisschen bekannter machen
Lü-Redaktion … Ah, Hubert, du?

3 Tage später: Über 80 Leute kommen zur NGG-Veranstaltung. Auch deswegen
LÜ
SPITZEL in der A+B Kantine
BOYKOTT-aufruf
Beim Pappsatt Imbiss essen
Die Gekündigten bekommen Rechtsschutz
...Anzeige bei der Kripo wegen Freiheitsberaubung
H&F betreibt hier in der Stadt noch eine weitere Kantine
Die könnten wir doch eigentlich auch boykottieren
Wir brauchen auch einen Betriebsrat

Tage später kommt die Reaktion
Von Rechtsanwalt E. Kalt. Er vertritt H&F
An den Betriebsrat
Boykottaufruf zurücknehmen...
...und das im Betrieb bekannt machen
Ansonsten gerichtliche Schritte
Und noch ein Brief. Vom Junior
Durch den Boykottaufruf die guten Beziehungen zu H&F schwer gestört
Distanzieren Sie sich davon! Sofort!!
Ansonsten gerichtliche Schritte

Und jetzt den Junior lochen und abheften
Wir brauchen juristischen Rat
Ich frag mal Helga von der Gewerkschaft

Kurze Zeit später kommt Helga mit einem Rechtsanwalt
Das mit dem Gericht ist nur Bluff
Außerdem: Gegen soziale Missstände kann man immer protestieren...
...und dazu auffordern, mit 'Übeltätern' keine Verträge abzuschließen
Am besten: Überhaupt nicht reagieren
Ich glaub, ich schreib doch einen Brief
Nicht mal'n Locher in diesem Betriebsratsbüro

Am Tag drauf: Der Junior betritt sein Office
Kaffee to go
Eigenartig. Locher machen mich nervös
Ah, ein Brief vom aufsässigen Betriebsrat
Arbeiter to go
Die sagen, dass ihre Erklärung rechtens war
Und bei der Videoüberwachung der Kantinenleute...
...auch A+B-Beschäftigte überwacht wurden
Und das ist mitbestimmungspflichtig

Und Pflicht reimt sich auf Gericht
PATSCH
BR
Die wissen verdammt viel. Obwohl ich kaum eine Weiterbildung genehmige
Die Kantinenleute erheben Kündigungsschutzklage
ARBEITSGERICH
Einen Tag später
Die Gewerkschaft versteht was von Öffentlichkeitsarbeit
LÜ
KÜNDIGUNG?
Gegen die GUTEN SITTEN
Und der Brief vom Betriebsrat?
BR
Ich mache einfach nix. Schweige das Ganze tot
Wird schon nix passieren
A+B
Technik
GmbH

Nicht haltbar

Eine Sperrzeit kann verhängt werden, wenn ein Arbeitnehmer durch „arbeitsvertragswidriges Verhalten" Anlass für eine Kündigung gegeben hat. Ob dies der Fall war, muss die Arbeitsagentur in eigener Verantwortung prüfen. Lehnt sie einfach ab oder tut sie gar nichts, kann der Betroffene eine einstweilige Anordnung beim Sozialgericht beantragen und verlangen, dass ihm das Arbeitslosengeld ausbezahlt wird.

Ach übrigens
Das haben wir für dich gesammelt
100 €
Kann ich nicht annehmen
Du hast doch nix auf der hohen Kante und 2 Kinder
Studenten der Filmakademie haben in der LÜ davon gelesen und wollen einen Clip für YouTube machen
H&F? Da kann ich euch was erzählen
Ich auch
Ich auch
Ich auch

Wir könnten die Blockade der Kantine durch die Türsteher nachstellen
Zuerst wurde es dunkel
Ich seh nix
Ein Liedermacher macht ein Lied
Ein Jurist formuliert:
So wie die Privatdetektive die Leute überwacht haben …?
Das sind Stasimethoden
Und die ganze Welt schaut zu

Bei YouTube
Bei Facebook
Bei Twitter
Und in der Lü
LÜ
STASI
Methode

Tags drauf bei A+B Technik
Ist ja wirklich eine Sauerei
LÜ
STASI ! Methoden
Jetzt hab ich aber erstmal Hunger
Kantine
Hm
KANTINE
LÜ
STASI ! Methoden
Dann lieber ne Stulle schmieren
Oder mal ganz aussetzen

Herr Brey, Geschäftsführer von H&F, ruft zur Krisensitzung
Alle Welt spricht schlecht über uns. Der Gewinn geht in den Keller
Und in unseren anderen Kantinen...
?
...vermuten alle Kameras
Also Kommando zurück. Wir machen den Gekündigten ein Angebot
Ja ja, viele Köche verderben den Brey

Ziemlich schnell kommt ein Angebot von H&F
An die Gekündigten: Sie können weiter-arbeiten
Neue Verträge werden geschlossen. Dabei wird festgelegt, dass man alles, was man isst, bezahlen muss (zum halben Preis)
Alle bekommen diesen Brief. Auch die, die selbst gekündigt hatten
Für die Tage, an denen nicht gearbeitet wurde, gibt's eine Pauschale von 400 €
Bis auf zwei Ausnahmen kommen alle wieder

Das war's?
Jetzt müssen wir uns erst mal stärken
Hubert stellt seine Küche zur Verfügung
Wo steckt Kevin nur?
?
Wie heissen die noch mal: Bucatini oder Maccheroni?
Sie heißen Strohhalme
STROH HALME
Guck mal, du hast an der gleichen Stelle wie ich…
Geschmacks-Verstärker

Meister Probber
und die saubere Bilanz
mit Annika
A+B Technik GmbH

Sie putzen und putzen
Das kostet...
...und kostet
Betriebs-rat
Ich reduziere und reduziere
Einfach mal weniger putzen
Nerv

P
Nerv
Nerv
Nerv
Nerv
Nerv
Nerv
Nerv
Nerv
7:00
Geld machen
Aber…
…die Idee ist doch gar nicht so schlecht

Tage später im Betriebsratsbüro
So früh?
Annika und ihre Kollegin von der Firma Putz + Teufel
Sag mal, kriegt man für Überstunden automatisch einen Zuschlag?
Klar, das steht im Tarifvertrag
So was haben wir nicht
Prof. Däubler sagt:
Überstunden
Greift kein Tarifvertrag ein, gibt es normalerweise keinen Zuschlag für die Überstunden.

Tags darauf 6.30 Uhr. Der Einsatzleiter verkündet die Hiobsbotschaft
Die Firma A+B hat unsere Aufträge…
…um 1/3 reduziert
PUTZ + TEUFEL
Also, Fenster nur noch 1X im Jahr putzen
Papierkörbe in Büros nur noch 1X die Woche leeren
Und so weiter
Jede Reinigungskraft arbeitet nur noch 2/3 der Zeit. 20 statt 30 Stunden
Bekommt also auch weniger Lohn

Lohnherabsetzung

Die Kürzung der Arbeitszeit ist im Normalfall nur im Wege einer Änderungskündigung möglich. Diese muss die gesetzlichen Kündigungsfristen wahren, wird also frühestens vier Wochen später wirksam. Außerdem muss der Arbeitgeber überprüfen, ob es nicht freie Arbeitsplätze bei einem anderen Reinigungsobjekt gibt. Wenn das nicht klappt, ist eine soziale Auswahl vorzunehmen: Diejenigen, die es persönlich am wenigsten trifft, müssen von ihrer Arbeitszeit etwas abgeben. So wie hier geht es auf keinen Fall.

Aber der Chef sagt...
... kein Spielraum...
Da ist doch einiges nicht in Ordnung
Der Chef soll kommen und uns das erklären
Genau
Vorher gehen wir nicht an die Arbeit
Hallo Chef?
Was ist?

Arbeit verweigern ?

In Frankreich oder Italien könnte man in einem solchen Fall tatsächlich die Arbeit verweigern und streiken. Bei uns geht das nach der Rechtsprechung leider nicht. Man könnte nur den Klageweg beschreiten und feststellen lassen, dass die Voraussetzungen einer Änderungskündigung nicht erfüllt sind und diese außerdem schriftlich erfolgen müsste. Aber das nützt wenig, wenn niemand zu Gericht geht, weil die Frauen die Rechtslage nicht kennen und außerdem um ihren Arbeitsplatz fürchten.

Annika nimmt das nicht hin…
…und geht zusammen mit einer Kollegin zu Hubert und Gustafa
Wir werden erpresst
Sie erzählen, was passiert ist
Wir würden gerne einen Betriebsrat gründen
Damit sie Respekt vor uns haben
Wie geht das?
Hm, da fragt ihr am besten die Gewerkschaft
Das wär die IG BAU
Annika ruft an
Hallo?
Hallo?

Abends im Gewerkschaftshaus
Manfred IG BAU
Annika
Wir Können nur was tun, wenn ihr Gewerkschafter im Betrieb habt
Bei meiner früheren Firma war ich mal Mitglied. Hab aber seitdem Keine Beiträge mehr bezahlt
Wenn der Beitrag überwiesen ist, Kann's losgehen
Gewerkschafts-Haus
Dann Kann die Gewerkschaft zu einer Betriebsversammlung einladen...
... die dann einen Wahlvorstand wählt
Wer im Wahlvorstand mitarbeitet, muss die Wahl organisieren und hat ein halbes Jahr Kündigungsschutz
Dafür gibt's gute Anleitungsbücher

Also 150 € für die rückständigen Beiträge zusammenlegen
Hallo, wir müssen uns am Wochenende treffen
Sicherheitshalber bei mir
Psst + Partner

Und dann auf Annikas Balkon
... und wenn der Chef rauskriegt, dass wir einen Betriebsrat gründen wollen?
Dann fliegen wir alle raus!
Das mit dem Kündigungsschutz ist ja prima ...
... aber der Chef hat ein Gedächtnis wie ein Elefant
oben
Psst +

Wie bei Ingrid, als sie schwanger war
Sie war im Mutterschutz
Er konnte nichts machen
Aber als sie wieder da war, hat er sie rausgeschmissen
Prof. Däubler sagt:
Der Kündigungsschutz
bei Schwangerschaft dauert so lange, bis das Kind vier Monate alt ist.
Er setzt sich fort für diejenigen, die Elternzeit in Anspruch nehmen.
Ich hab jetzt zwei Putzstellen zusätzlich. Das gleicht die Kürzung aus
Glück gehabt
Manfred von der IG BAU muss her

Am Wochenende drauf kommt Manfred
Frage: Als Wahlvorstandsmitglied steht man doch auf der Abschussliste?
Manfred: Versteh ich. Das Arbeitsgericht kann aber auch Personen einsetzen, die nicht im Betrieb arbeiten. Voraussetzung: Die Wahl im Betrieb hat nicht geklappt, weil z.B. niemand zur Betriebsversammlung ging. Außerdem muss die Gewerkschaft einen entsprechenden Antrag stellen
Frage: OK. Und weiter?
Manfred: Ich regel das mit 2 Kollegen
Frage: Die Betriebsrats-Kandidaten haben Kündigungsschutz. Was ist, wenn sie nicht gewählt werden? Dann läuft er doch nach einem halben Jahr aus, oder?
Manfred: Der Betriebsrat hätte bei euch 5 Mitglieder, 6 Personen kandidieren. 5 werden auf alle Fälle gewählt und haben dann umfassenden Kündigungsschutz als Betriebsratsmitglied. Die sechste Person wird die einzige „Nachrückerin". Sie muss immer ran, wenn eine der 5 verhindert ist – und dann ist sie genauso geschützt

Wer geht zur Wahl ?

Als Arbeitgeber im Einzelnen festzuhalten, wer zur Wahl geht, ist eine Behinderung der Betriebsratswahl. Das ist sogar strafbar. Aber man muss es beweisen können, und das ist schwierig, wenn der „Aufpasser" nicht gerade seinen „Merkzettel" irgendwo liegen lässt. Es reicht, wenn er irgendeine halbwegs glaubhafte Ausrede hat, weshalb er sich in einem bestimmten Betriebsteil oder vor dem Gewerkschaftshaus aufgehalten hat.

Können wir mit dem Betriebsrat die Kürzungen rückgängig machen?
Nein
Aber ihr könnt euch damit künftig besser wehren
Morgens beim Putzen
Annika, ich hab eine Putzstelle gefunden
Das mit der Betriebsratswahl ist doch ein Abenteuer
Und das Geld, das sie uns genommen haben, kriegen wir nicht wieder
Immerhin kannst du als Betriebsrätin nicht rausgeschmissen werden
Ist alles nicht schön...
...besser, wir lassen es

Gleichzeitig in der Zentrale von Putz + Teufel
Zuerst wollten sie die Brocken hinschmeißen
Dann sind sie bestimmt zur Gewerkschaft gegangen
Und wollten einen Betriebsrat gründen
Ich kenn meine Pappenheimer...
...und weiß...
...wie ich sie unter Druck setzen kann
Und wenn mir ein paar Infos fehlen...
...weiß ich, wo ich sie herbekomme
PUTZ + TEUFEL
Ich hab meine Gewährsleute. Notfalls hilft ein Detektiv
PUTZ + TEUFEL

Am nächsten Morgen. Noch früher als sonst
Zum Glück hab ich für alle Räume einen Schlüssel
Betriebs-rat
Tut uns leid, aber wir lassen es: Wir können keinen Betriebsrat wählen. Danke für alles. Annika

Der Betriebsrat von A+B ist frustriert
Das darf doch nicht wahr sein
WIR verjagen Heuschrecken und DIE bringen nicht mal einen Betriebsrat zustande
Eigentlich hat's nicht geklappt, weil Putz + Teufel zu viel wusste
Und was wissen Chef und Junior über uns?
Können die uns abser-vieren?
Ich hab mal was von Wissensdatenbanken gehört
Gefährlich, gefährlich
Wenn man da alles reingibt...
...kennt das jeder Arbeitgeber
Und kann dich ersetzen

Also Vorsicht, wenn der Junior so was bei uns einführen will
Apropos Junior
A+B Technik
Putzleistung um 1/3 reduziert
Ist doch sauber gelaufen
Gewinnsteigerung um 0,00005 %
Das wär's für heute
Betriebsrat

Eigentlich möchte ich mehr über den Betriebs- rat wissen
Vielleicht hab ich ja mal wieder einen Traum
Zum Beispiel: Junior Allwissend

A+B
Technik
GmbH
Dimitris gehört dazu
Hallo!

Ich bin als Leiharbeiter zu A+B geschickt worden
Gehör aber nicht wirklich dazu
Gleich kommt der Beweis
Tag Dings
?
Tag
Tag
Tag Müller
NEIN: Schulz
Für den Junior gehör ich nicht dazu
Was nicht da ist, kostet nix
Guten Morgen Herr Produktionsleiter
Gehör ich eigentlich dazu?

Da ist er ja, der Betriebs-rat
Betriebs-rat
Poch
Dimitris
Hubert
Ich bin seit 3 Wochen hier
Setz dich erst mal
Kaffee?
Ich arbeite seit 9 Monaten bei der Firma Gutmann. Die hat mich als Maschinen-...
...bediener schon an 4 Firmen ausgeliehen
Jetzt bin ich bei A+B
Aber hier soll es etwas länger dauern

Ich hatte keine Ahnung, dass du da bist
Erzähl mal, wie geht's dir bei uns
Gibt's Probleme ??
Und ob! Der Produktions-leiter hat an-geordnet:
Sie müssen auch in ihrer Pause auf die Maschine achten
Die ist gefährlich
Ein Azubi ist da kürzlich dran-gegangen
Beinah wär was passiert
Ich kann also nicht wirklich Pause machen

Und dann wusste ich auch nichts von dieser Gefahren-stelle
Bong
Einen Kollegen hat's erwischt! Er ist seit 3 Monaten arbeits-unfähig
Außerdem: Warum muss ich für den Werksbus 1,50 € bezahlen? Für die Stammbelegschaft ist er gratis

Schlechter geht´s nicht

Hier erlebt man alle Probleme der Leiharbeit gleichzeitig: Deutlich weniger Geld, keine Mitbestimmung bei der Einstellung, schlechtere Behandlung bei betrieblichen Sozialeinrichtungen, unwirksame Tarifverträge. Da hat der Betriebsrat noch einiges zu tun.

Und das seh ich auch so
Ich brauche aber etwas Zeit, um das zu überprüfen
Zu wem gehör ich?
Am besten du kommst nächste Woche wieder
Da ist noch ne Menge für dich drin
Zu wem gehörst DU eigentlich?
Die Tochter vom Chef
Ah, Rosa. Wir müssen mal in die Produktion

Rosa und Hubert sprechen mit Dimitris' Kollegen
Ja, das mit Dimitris und der Pause ist völlig ungerecht
Das hat der Produktionsleiter aber so angeordnet

Aber der ist eh krass drauf
Hat mal gesagt, dass man Griechen…
…erst mal ans Arbeiten gewöhnen muss
Toc Toc
Dimitris packt aber gut an
Und ist ein prima Kerl
Er hat mal an meiner Stelle gearbeitet…
…weil ich mit meinem Kind zum Arzt musste
Und das mit der Unfallgefahr stimmt auch
Ich seh keine Unfallgefahr

Mit einem Auge?

Die Betriebsratskollegin hat recht. Während der Pausen müssen die Arbeitnehmer von jeder Anforderung freigestellt sein. Auch „mit einem Auge hinsehen" ist nicht erlaubt. Und das Diensthandy darf man leise stellen. Wenn der Arbeitgeber die Maschinen nicht anderweitig sichern kann, muss einer der Beschäftigten seine Pause eben später nehmen.

Also, ICH ruf mal wieder an
Und mit der christlichen Gewerkschaft ist doch auch was nicht in Ordnung...
...hab ich mal gehört
Ich bin für Igel-Pay

Ah, Hubert
Ihr habt ein Recht, bei der Einstellung von Leiharbeitern beteiligt zu werden
Wenn ihr schon mal übergangen worden seid, könnt ihr auf Unterlassung Klagen
Die Christentarife sind tatsächlich unwirksam
Dimitris Kann den gleichen Lohn wie die Stammbelegschaft verlangen
Auch er hat das Recht auf freie Fahrt mit dem Werksbus
Steht sogar im AÜG*
Gewerkschafts Haus
*Arbeitnehmerüberlassungsgesetz

Und wer setzt das Recht durch?

Hier liegt ein großes Problem. Leiharbeitnehmer gehen selten vor Gericht, weil sie genau wie Dimitris Angst haben. Ihr Arbeitgeber hat viele Möglichkeiten, ihnen das Leben schwer zu machen. Nicht nur so einfach eine Kündigung, gegen die der Betroffene am Ende doch noch klagen würde, weil er nichts mehr zu verlieren hat. Viel einfacher: Der Leiharbeiter wird zu einer Firma geschickt, zu der er einen weiten Weg hat und wo die Verhältnisse so sind, dass kaum jemand bleiben will. Außerdem bekommt er eine Tätigkeit, die ihm unter Garantie keinen Spaß macht. Gegen diese Art von Schikane lässt sich nicht viel machen. Deshalb wäre es nützlich, wenn eine Behörde klagen könnte. Das gibt es aber nur bei Heimarbeitern, sonst nicht. Vielleicht könnte man der Sozialversicherung einen Tipp geben, dass sie die Beiträge auf der Grundlage von 14,50 Euro brutto nachberechnet. Für die Vergangenheit muss dann der Arbeitgeber auch die Arbeitnehmerbeiträge nachzahlen. Das tut weh. Und eventuell fällt dann auch für Dimitris noch was ab.

Na ja, wegen Werksbus und Pause wenden wir uns mal direkt an den Produktionsleiter
Hoffentlich geht das gut. Ich will hier weiterarbeiten

Wir lassen mal einen Brief von einem Rechts-anwalt formu-lieren
Brief an den Produktionsleiter
„Sehr geehrter Herr Flinkefuß,
der Betriebsrat von A+B Technik hat uns mit der Wahrung seiner Interessen beauftragt. Es geht um eine Benachteiligung des Leiharbeitnehmers Dimitris Dimopoulos, der seit gut drei Wochen bei A+B eingesetzt ist.
Soweit er den Werksbus benutzt, wurde ihm für jede Fahrt ein Betrag von 1,50 Euro in Rechnung gestellt, während Stammbeschäftigte unentgeltlich fahren können. Dies verstößt gegen § 13b AÜG. Ich bitte, in Zukunft auf die Erhebung eines Fahrpreises zu verzichten und Herrn D. die bezahlten Beträge zurückzuerstatten.
Herrn D. werden auch keine korrekten Pausen gewährt, da er während einer Arbeitsunterbrechung aufgrund einer besonderen Anordnung von Ihnen weiter Arbeitsaufgaben erfüllen, insbesondere darauf achten muss, dass kein Unbefugter an die Maschinen rangeht. Dies lässt sich mit der Natur einer Pause nicht vereinbaren. Auf die Rechtsprechung wird verwiesen.“

Und einen Brief an den Junior
Bitte unterschreiben Sie innerhalb von einer Woche die folgende Erklärung: Sollte es in meinem Unternehmen in Zukunft zur Einstellung von Leiharbeitnehmern kommen, werde ich zuvor den Betriebsrat den gesetzlichen Vorschriften entsprechend (§ 14 Abs. 3 AÜG in Verbindung mit § 99 BetrVG) beteiligen. Für den Fall, dass dies nicht geschehen sollte, verpflichte ich mich, für jeden Fall der Zuwiderhandlung einen Betrag von 10.000 Euro an die gemeinnützige Stiftung „Gesünder arbeiten, besser leben" zu überweisen.
Geht das schon wieder los: Ein Brief vom Betriebsrat
Der Rechtsanwalt soll kommen
Schluck
Guten Tag
Na endlich

Der Anwalt hat recht

Die Auskunft des Arbeitgeberanwalts ist korrekt. Eine Vertragsstrafe von 10.000 Euro pro Fall würde von den Gerichten wohl nicht anerkannt. Auch das strafrechtliche Risiko ist richtig eingeschätzt.

Zuerst kommt der Brief ins Betriebsratsbüro
Später kommt Dimitris
Ich kann jetzt gratis mit dem Bus fahren
In den Pausen darf's keinerlei Ablenkung geben
Am liebsten würde ich bei euch fest arbeiten
Gibt's da ne Chance?
Der Junior hat sich nicht mal entschuldigt, dass er uns bisher übergangen hat
Das mit "Recht+Gesetz" ist ja wohl ein schlechter Scherz
Ist das nicht schon wieder eine Behinderung unserer Arbeit?

Eigentlich sitzt der Junior in der Falle
Wenn er bestraft wird, haben wir nichts davon
Aber wenn er Dimitris übernimmt, ist das gut
Da müssen wir eine geschickte Antwort formulieren
diplomatisch
OK, ICH schreib sie

So sieht der Brief an den Junior aus
Ihr Schreiben hat die zwischen uns bestehenden Meinungsverschiedenheiten nur zum Teil angesprochen. Insbesondere haben Sie nicht dazu Stellung genommen, dass Sie uns in mindestens drei Fällen bei der Einstellung eines Leiharbeitnehmers nicht beteiligt haben. Dies wirkt sich sehr negativ auf die vertrauensvolle Zusammenarbeit aus.
Herr Dimitris D. hat den Wunsch geäußert, auf Dauer bei A+B als Maschinenbediener beschäftigt zu werden. Er erfreut sich aufgrund seiner Einsatzfreude großer Anerkennung. Würden Sie seinem Wunsch entsprechen, bestünde aus Sicht des Betriebsrats kein Bedarf mehr, frühere Vorkommnisse rechtlich näher zu untersuchen.
So sieht der Junior mit Brief aus

Tage später. Dimitris kommt zur Arbeit

Guten Tag
Der Junior grüßt mich?

Du sollst mal ins Personalbüro kommen
Minuten später
Juhuuuuuuu
A+B Technik
Noch später beim Betriebsrat
Ich habe einen Arbeits-vertrag mit A+B
Jetzt gehör ich so richtig dazu
Für uns schon immer
Samstag seid ihr alle meine Gäste. Dann feiern wir!
Eine Schwalbe macht noch keinen Sommer
Vielleicht klappt's in Zukunft ja noch öfter

Samstag im Restaurant von Dimitris' Schwager
A+B
YAMAS!
Wo ist eigentlich Kevin?
Der klärt gerade, wer noch dazugehört

Die Konkurrenz-Liste
Im Dienst seiner Majestät
mit Kurt
ArbeitGeberTräumerei
So krieg ich meinen Betriebsrat klein
Ein Seminar, wie ich es liebe

In 3 Jahren zum handzahmen Betriebsrat
A+B
Technik
Damit sie mir nicht ständig in die Quere kommen
Betriebs-rat
Wir kandidieren alle wieder zur Betriebs-ratswahl
In ein paar Monaten ist die Wahl
Ich könnte eine Gegenliste kandidieren lassen
Die erhält ein paar Sitze...

... und ich weiß immer, was der Betriebsrat vorhat
Also: Mögliche Kandidaten herzitieren
Sicherheitshalber an verschiedenen Tagen
Montag
Die Abteilungsleiter
Dienstag
Keine Zeit
Das regelt doch der Markt
Nein
Aber ich kann ja mal rumhören
Mittwoch
Und es finden sich doch noch ein paar Kandidaten
Huberts Hund hat mich mal gebissen
Der Fahrer vom Chef
Die Betriebsratstypen mag ich eh nicht
Ein Controller
Das wird süß
Sekretärin vom Abteilungsleiter
Und dann ...

... Kurt, der Kunden-berater
Also Kurt, Sie können etwas für die Firma tun
Quasi im Auftrag seiner Majestät
Des Chefs?
Nein, nein!! In **meinem** Auftrag!
Also

Liste „Sicherheit und Ordnung"
„Wir sind gegen Konflikte im Betrieb"
„Was dem Betrieb nützt, nützt auch uns"
„Wir wollen keine langen Betriebsversammlungen"
„Wir wollen eine leistungsgerechte Entlohnung"
Unterschreiben
braaav
Und jetzt das Ganze ins Intranet

Wahlvorstand

Auch Betriebsratsmitglieder und Kandidaten können Mitglieder im Wahlvorstand sein. Besser ist es natürlich, man findet drei Leute, die sonst nichts mit der Wahl zu tun haben.

...dass du vom Chef jeden Monat 1000 € als Aufwandsentschädigung bekommst...
...und du was mit dem Chef hast, Kerstin
Der Wahl-Kampf hat begonnen
Wir müssen eine Liste aufstellen
Hallo
Majestät
Betriebsrat
Der Spion, der mich liebt
Ich kandidiere
Ich auch
Schließ mich an
Ich weiß nicht...
Bin dabei
...na OK

Die Liste wird von allen Kandidaten unterschrieben und beim Wahlvorstand eingereicht. Überschrift: Liste „Demokratischer Betrieb"

Prof. Däubler sagt:
Wie muss eine Liste aussehen ?
Jeder im Betrieb tätige Arbeitnehmer kann kandidieren. Er kann seine eigene Liste aufmachen oder sich auf die Liste eines andern setzen lassen. Jeder muss durch Unterschrift bestätigen, dass er auch wirklich kandidieren will. Eine Liste braucht sogenannte Stützunterschriften – ein Zwanzigstel der Beschäftigten, mindestens drei und höchstens 50. Wird sie von einer Gewerkschaft vorgeschlagen, genügen die Unterschriften von zwei Gewerkschaftsbeauftragten.

In der nächsten Sitzung wird eine Erklärung formuliert
„Nur ein starker Betriebsrat ist ein guter Betriebsrat“
„Ein mitbestimmter Betrieb arbeitet besser“
„Rechte sind dafür da, dass man sie nutzt“
„Ohne den Betriebsrat würden wir jetzt alle den Amis gehören“

Gustafa auf dem Weg zum Wahlvorstand
Ich erschreck ihn mal
'Sicherheit und Ordnung' sag ich nur
Die 'Geschäftsführungsliste' wird eingereicht
Die Zahl der Unterschriften stimmt
Da steht: 'Sicherheit und Ordnung'
Das hat doch der Junior formuliert
Listenführer Kurt soll angeblich befördert werden
Müssen wir die Liste eigentlich zulassen?
Wir schreiben Kurt einen Brief

Darf der Wahlvorstand so was schreiben ?

Er muss alles tun, damit die Betriebsratswahl nicht anfechtbar wird. Das wäre sie aber, wenn die Liste keine echte Arbeitnehmerliste wäre.

Kurt antwortet
Alles erstun-ken...
...und erlogen
Auf Gerüchte antworte...
...ich nicht
Gar nicht so dumm. Der Wahlvorstand müsste nun beweisen, dass die Liste auf dem Mist des Juniors gewachsen ist
Ihr Kaffee
Aber das würde keiner seiner Kandida-ten ausplaudern. Nur wenn der Junior, dummer-weise...
Platsch
... einen nicht treu ergebenen Kandidaten angeheuert hätte, ließe sich die Spur zurückverfolgen...
Aber sie wollten ihn doch ge-schüttelt, nicht gerührt
...und die Situation wäre eine andere

Ruf doch mal bei der Gewerkschaft an
Helga, Gewerkschaftsbüro
Das hatten wir schon öfter
Kommt immer wieder vor
Wenn ihr nichts beweisen könnt, müsst ihr die Liste zulassen
Aber achtet darauf, ob der Arbeitgeber…
…seinen Listenleuten nicht heimlich was Bares zusteckt
Sehen wir uns auf der Betriebsversammlung?

Strippenziehen durch den Arbeitgeber

Die Unterstützung einer Liste durch die Geschäftsleitung macht die Wahl anfechtbar. Dies ist z.B. dann der Fall, wenn nur die „Arbeitgeberliste" Räume für Veranstaltungen bekommt oder wenn nur sie im Intranet Werbung betreiben darf. Erst recht gilt dies, wenn der Arbeitgeber Geldspenden macht oder die Flugblätter seiner „Lieblinge" auf Firmenkosten drucken lässt. Er geht dann sogar das Risiko ein, dass er wegen Behinderung der Betriebsratswahl bestraft wird. Wenn nichts Derartiges vorliegt, muss die Liste berücksichtigt werden, auch wenn jeder im Unternehmen weiß, dass ihre Kandidaten dem Geschäftsführer „auf dem Schoß sitzen".

Hast du dich vorbereitet?
BÜRGERHAUS
Klar!
Der Vertreter der Geschäftsführung verlässt den Saal
Die Listen stellen sich vor. Hubert beginnt
Liebe Kolleginnen und Kollegen
Hier ein paar Höhepunkte unserer Betriebsratsarbeit:
• Die Betriebsversammlung im Bürgerhaus gerettet *
• Vertreibung der Heuschrecken
• ....
* +mit Schnittchen +50€ für jeden Teilnehmer
Kenn ich schon
Steht doch alles im Comic „Alles in Butter!"
ALLES in BUTTER
BUND VERLAG

Dann kommt Kurts Auftritt
Mein Name ist Bondke
Kurt Bondke
Die Konfrontation mit der Geschäftsleitung muss ein Ende haben
Ich habe die Zusage, dass wir Heiligabend um 12 Uhr Schluss machen können...
...ohne dass uns ein halber Urlaubstag abgezogen wird !!!!!!!!
Vorausgesetzt:
...auf Klamauk und Wichtigtuerei wird ab sofort verzichtet
Bravo
Super
Ausflipp
?

Der Wahlvorstand…

…organisiert die Wahl. Er muss insbesondere dafür sorgen, dass genügend Wahlurnen vorhanden sind, niemand zwei Mal wählt und die Stimmabgabe geheim bleibt. Für Kolleginnen und Kollegen, die am Wahltag voraussichtlich nicht im Betrieb sind, muss er eine Briefwahl möglich machen.

Nichts zu verbergen

Jede im Betrieb vertretene Gewerkschaft hat das Recht, bei der Auszählung der Stimmen dabei zu sein. Die CGM ist nach einer allerdings viel kritisierten Entscheidung des BAG* eine Gewerkschaft. Also kann sie einen Vertreter schicken. Der Wahlvorstand hat im Übrigen nichts zu verbergen. Warum soll der Mensch nicht dabei sein?

* Bundesarbeitsgericht

Die Wahl läuft auf Hochtouren
Bitte das Kreuz an der richtigen Stelle
Hast du endlich deine Wahl getroffen?
Sag bloß, du kandidierst auch?
Das ist Demokratie im Betrieb
Super! Und wie kann man den Junior abwählen

Um 18 Uhr ist dann Schluss
Die Auszählung beginnt
Das Ergebnis:
423 Leute haben gewählt
Das sind gut 90%
Von den 11 zu vergebenden Sitzen...
... erhält Huberts Liste 10 Sitze
Ein haushoher Sieg

... und Kurts Liste einen Sitz
Kurt, das U-Boot
Nie wieder Klamauk in der Firma meiner Majestät
Sag niemals nie
Kann Hubert das U-Boot umdrehen? Mehr dazu im nächsten Comic!

Nachwort

Schade, nun sind auch diese Geschichten zu Ende. Was aus dem "U-Boot" wird, weiß heute noch niemand. Wird es treu und brav alles seinem mächtigen Unterstützer berichten oder wird es eine eigene Position finden? Wird sich beim Junior etwas ändern? Wird er am Ende feststellen, dass er selbst der größte Kostenfaktor ist?

Wie heißt es so schön? Die Lage ist ernst, aber nicht hoffnungslos. In Österreich würde man sagen: Die Lage ist hoffnungslos, aber nicht ernst. Und Hubert würde variieren: Die Lage des Betriebsrats ist ernst, aber sie macht trotzdem Spaß.

Doch zunächst sind Sie gefragt:
Wie haben Ihnen unsere Bildergeschichten rund um die Firma ´A+B Technik GmbH´ gefallen?
Und vor allem: Wie soll's weitergehn?

Sagen Sie uns Ihre Meinung.
Am besten gleich, auf

www.miteinerprisezucker.info

Bibliografische Information der Deutschen Nationalbibliothek
Die Deutsche Nationalbibliothek verzeichnet diese Publikation in der Deutschen Nationalbibliografie; detaillierte bibliografische Daten sind im Internet über http://dnb.d-nb.de abrufbar.

Gestaltung: Reinhard Alff
Druck: MediaPrint, Paderborn
Printed in Germany 2014
ISBN 978-3-7663-6245-2

www.miteinerprisezucker.info